Ruth Brühl – Einzelheiten

AF282293

Ruth Brühl

Einzelheiten

Verse und Geschichten

Bibliografische Information der Deutschen Nationalbibliothek:
Die Deutsche Nationalbibliothek verzeichnet diese Publikation in der
Deutschen Nationalbibliografie; detaillierte bibliografische Daten sind
im Internet über dnb.dnb.de abrufbar.

Neuauflage 2023
© 2020 Ruth Brühl, Köln

Redaktion und Gestaltung: Gabriele Röhn, Köln
Umschlagbild: Birgit Brühl Studio
Herstellung und Verlag: BoD - Books on Demand, Norderstedt
ISBN 978-3-757-85432-4

Inhalt

Verse

Geschichten

Verse

Sonntagmorgen

Klar und frisch
die Morgenluft.
Aus den Bäumen
steigt ein Duft,
sonnig liegt der Rasen,
kurz gemäht,
eine Amsel hüpft
ins Beet,
eine frühe Frau
gießt Rosen,
und am Haus
da hängen Hosen –
schon seit gestern.
Laut beginnt
ein Hund zu bellen,
eine Klingel
Sturm zu schellen,
Teller, Tassen klappern,
irgendwo ein Mixer surrt,
auf dem Dachfirst
eine Taube gurrt,
und ein Raucher hustet.
Klirren, Stühle rücken,
Stimmen werden laut,
Zigaretten – Kaffeeduft,
und in der Morgenluft
schwingt sonntäglich Geläute.

Frühaufsteher

Die Gattin lag noch
tief im Schlaf,
als der Gatte
die Entscheidung traf,

sich an die Brüstung
zu begeben,
sich dort vorzubeugen,

um die Venus
zu beäugen,
wie sie hüllenlos
dem Pool entsteigt.

Jene glaubte an
die Sicherheit
der frühen Stunde
und schwamm
noch eine Runde.

Es wurde kühl.
Gelassen, wie es schien,
setzte sie den Fuß
aufs feuchte Grün.

Dem Nachbarn
rief sie fröhlich zu:
»Guten Morgen,
Herr Professor!«

Seinen Blicken
schon entkommen,
hat sie den Rückruf
noch vernommen:

»Schwimmen Sie denn
jeden Morgen
um die gleiche Zeit?«

Tausendschön

Eine Pumpe,
die Wasser erbrach,
ein Hahn,
der die Henne gejagt,
eine Katze,
die die Hecke durchschlüpft,
ein Kind,
das den Garten durchhüpft,
bis an das Gatter,
dahinter ein Graben.

Keine Pumpe,
kein Hahn,
keine Katze,
kein Kind;
die Hecke
bis an das Gatter,
kein Graben,
ein Weg
zur Gärtnerei.
Es blühen die Blumen,
als wenn es gestern sei.

Der Bauer

Auf Halm und auf Ähre,
ganz sparsam dosiert,
Chemie für die Erde,
voll programmiert.
So düngt der Bauer
im Märzen das Feld,
den Knopf am Computer
auf Einsatz gestellt.
Genau sind berechnet
die Körner pro Ähre,
Ertrag und Gewinn,
so liegt denn im Fortschritt
ein tieferer Sinn.

Hat da gewiehert
das Rösslein im Stall?

Frühreif

Die Birne Helene saß wippend am Ast,
jung, schlank, doch im Gesäß fast
schon, wie die Mutter, ein wenig zu rund;
in kommender Süße frohlockte ihr Mund.
Obwohl ihre Kerne weiß und nicht braun,
begann sie drängend aufs Reifen zu schaun.
Genüsslich duscht sie im warmen Regen,
dehnt ihren Körper der Sonne entgegen
zwischen den Blättern am Baum
und träumt den Sommernachtstraum.

Längst schon hatte der Jüngling Helen
zwischen den Ästen und Zweigen gesehn.
Lustwandelnd durchmaß er den Garten
und beschloss, geduldig zu warten –
es ward ihm nicht leicht –
bis sie die saftige Süße erreicht.
Einmal, da hatte er sie gedrückt;
er fand sie spröde. Sie war beglückt
und hing tänzelnd am Stängel,
da, da fiel sie zu Füßen des Bengel.
Er grapschte und verleibte sie ein;
sie fühlte sich hilflos und klein.
Er suchte vergeblich die Süße,
spuckte sie aus, vor seine Füße.
Dann wandt er dem Garten den Rücken.
Stare begannen zu picken.

Noch bevor sie Erkenntnis
vom Baume erworben,
ist frühreif
Helene gestorben.

Versuchung

Die dir ans Herz gewachsen,
Jahr um Jahr,
die Rose ist dir tätowiert;
Du brennst sie niemals aus.

Die dir so stürmisch blüht,
verliert ganz sacht
das eine, dann
das andre Blatt.

Die dich nicht sticht,
die nah und fern von dir,
ruht sanft und konserviert
in Cellophan.

Nun saugst du tief
den samtig dunklen Duft
der neuen Rose ein.
Du blutest schon,
Du küsst den Dorn,
der dir die Wunde stach.

Du wägst den Duft,
Du wägst den Schnitt.
Die Rose, die dir tätowiert,
sie brennt dir auf der Haut.

Second Hand

Sie weiß es genau,
noch warm von der Haut
einer anderen Frau,
zerrt sie das Kleid
auf ihren heißen,
schwitzenden Leib.

In trübem Licht,
geblendet von Farben,
erkennt sie noch nicht,
wie brüchig der Saum,
wie dünn das Gewebe,
sieht dabei kaum
den Flecken mit Kranz,
sieht nur sich selbst
in ganz neuem Glanz.

Die Erkenntnis kommt spät.
Das, was sie begehrt,
ist schon verlebt.

Schicksalsfrage

I

»Möchtest du sie haben,
die Büchse,
so glänzend wie Gold?«,
fragte das Schicksal.

Du hast sie gewollt.

»Möchtest du dich spiegeln
in der Büchse,
so glänzend wie Gold?«,
fragte das Schicksal.

Du hast es gewollt.

»Möchtest du sie öffnen,
die Büchse,
so glänzend wie Gold?«,
fragte das Schicksal.

Du hast es gewollt.

»Ich schließe den Deckel.
Willst du sie haben
mit all ihren Gaben,
die Büchse,
so glänzend wie Gold?«
fragte das Schicksal.

Du hast sie gewollt.
Dann bist du allein,
die Büchse ist dein,
du gerätst in Entzücken,
kannst dich erblicken.

Randvoll gefüllt,
der Inhalt verhüllt.
Du bist voller Hoffen,
die Büchse steht offen.

Du schöpfst aus dem Vollen
mit herzhaftem Wollen,
aus der Büchse,
so glänzend wie Gold.

Du hast sie gewollt.

II

Längst ist der Deckel vergessen,
nichts scheint die Zeit zu bemessen.
Die Büchse zur Hälfte geleert,
die Gabe – nicht mehr vermehrt.

Das Gold, es hat Flecken.
Da erkennst du mit Schrecken
die Vipern und Schlangen,
die den Rand schon erlangen.

»Pandora, die Büchse ist dein.«
Du bittest:
»Tausch sie doch ein!«

Da sagt dir dein Schicksal:
»Die Büchse,
so glänzend wie Gold,
du weißt,
du hast sie gewollt.«

Ein Satz

Es kommt ein Satz daher,
    ganz ohne Arg und Tücke,
da schleicht ein Wort sich ran,
    als füllt es eine Lücke.

Der Satz ist nicht mehr der,
    der er in Wahrheit war.
Der Sinn ist schon verändert,
    das Verstehen nicht mehr klar.

Ein neues Wort schiebt sich dazwischen,
    als wäre da noch Platz.
Der Inhalt bläht sich auf,
    es ist ein andrer Satz.

Davor, dahinter, neue Worte,
    fast wird er gesprengt,
verdreht und ausgetauscht,
    fühlt er sich stark bedrängt.

Jetzt ist er ein Ballon.
    Die Spannung ist zu groß für ihn,
er platzt!
    Es bleiben nur noch Stücke.

Doch die, die hängen in der Luft,
    bleischwer und unverdaut.
Es kam ein Satz daher,
    er ist total versaut.

Der Sessel

Du steckst im Schlamm
mit festen Beinen,
nicht verschlissen,
nicht zerrissen.
Auf deinem Schoß
ein Pflasterstein –
und wie gemein –
eine Dose.

Viele Dosen,
neben dir,
sag, säufst du Bier?

Hat deine Frau
dich rausgeschmissen,
den Kinderwagen
und das Fahrrad hinterher?

War deine Farbe
ihr nicht recht?
Dein Grün war doch
nicht schlecht,
bevor es grau
im Schlamm geworden.

Wie lange warst du
denn verborgen
bis das Wasser sank,
und im Gestank
der ganze Trödel
sichtbar wurde?

Man räumt,
man läßt Wasser ein,
und – wie gemein –
es wird wie immer sein:
im Schlamm der Trödel.

Wissen

»Lene«, sprach der Knabe,
»ich besitze die Gabe,
rasch zu erkennen,
dass Männchen
und Weibchen
durch etwas sich trennen.
Ich zeig es Dir,
gleich hier!«
Und als er's versucht,
schreit Lene: »Genug!
Das lässt Du sein –
bei meinem Kaninchen!«

Triebe

Der Freund hat
die Gattin genommen,
dann ist noch ein zweiter,
ein dritter gekommen.
Das war der Gattin zu viel.

Ihr Mann hat
die Tote betrauert,
drei volle Tage
hat es gedauert.
Das wurde den Freunden zu viel.

Dann wurde die Ente begraben.
Ihr Mann flog zurück
zum Wassergraben.

Ichfindung

»Mein wahres Ich«,
sagte die Ameise
als sie am Nektar nippte,
»mein wahres Ich
ist alleingängerisch,
nicht im Gewimmel.«

Das hörte der Ameisenbär,
und eh er den Rüssel
ins Erdreich stieß,
und sie –
und das ganze Gewimmel
auf klebriger Zunge
zergehen ließ,
dacht er bei sich:
»Das glaube wer wolle –
ich nicht.«

Der Hahn

Er weiß das Hühnervolk
weit unter sich.

Er steht ganz oben,
wo es dampft und riecht.

Das Auge starr,
hebt er den Fuß
und zeigt den Sporn.

Am Hals die Federn breiter,
setzt er zum Krähen an
und kräht so weiter.

Weiß man denn,
wie er wirklich ist,
unter seinem Gefieder?

Es mutet einen
menschlich an.

Der Hund

Er tat, was man befahl
und kam, sobald man rief.

Er schwamm mit Kraft
und Mut, im Jagen
war er unerreicht.

Das alles nicht genug.

In der Stund der Muße
sprach der Herr zum Tier:
»Folg mir auf dem Fuße,
denn jetzt lernen wir.

Schau und sprich mir nach
nur eine Silbe;
das ist leicht.«

Dem Hund juckt nur das Fell.
Er denkt bei sich:
Wuff und *Wau,*
mehr brauch ich nicht.

Ein treuer Blick,
ein leises Winseln,
der Herr versteht mich doch.

Und ich, ich kenne seine Zeichen.
Ich hol schon mal die Leine
und den ollen Hut.

In Fahrt

Ein Knall,
ein Stoß!

Der Fahrer
ließ vor Schreck
das Steuer los
und duckte sich.

Der Wagen hatte
freie Fahrt.

Er nahm
den Bordstein
und den Bürgersteig,

durchlief die Enge
zweier Bäume,
was nicht ohne war,

nahm die Einfahrt,
traf das Tor

und schob den Wagen,
der dahinter stand,
nah und näher
an die Wand.

Dann war Stille. –

Der Fahrer,
nunmehr Herr
der Lage,

entnahm dem Wagen
eine Kamera
und hielt fest,

was für sein Recht
von Nutzen war.

Er kannte das Gesetz.
Er war bestallt
als Fachanwalt
für Verkehrsrecht.

Der Treffer

I

»Bin bald zurück«,
der Vater spricht's
und zieht die Tür
ins Schloss.

Das ist Warnung,
die zur Eile treibt.

Der Knabe,
detektivisch hochbegabt,
schnüffelt durch das Haus.

Er stürmt,
was strengstens untersagt,
ins elterliche Schlafgemach.

Hier wird –
hier muss es sein,
das Luftgewehr.

Der Schrank ist hoch.
Er holt den Stuhl.
Die Beute, sie ist da!

Sie müsste nur
erreichbar sein.

Den Besen
aus der Kammer
setzt er zur Bergung ein.

Im Garten dann
der Höhepunkt:

Er schießt ins Grün.
Einfach so
und ohne Ziel.

Schon hebt er an
zum zweiten Schuss,
da wird die Waffe
ihm entrissen.

Der Vater tobt,
er sperrt den Knaben ein.

»Mein Freund,
wir reden später noch!«

Es ist richtig
dicke Luft.

»Egal, was kommt«,
so denkt der Filius,

»ich würde,
wenn ich könnte,
das Gleiche
nochmal machen.«

II

Auf dem Balkon
im Nachbarhaus
ist Kaffeerunde.

Das Gespräch,
es plätschert
vor sich hin,

bis der Rentner –
oh Schreck –
vornüber
in die Sahne fällt.

Es ist Erdbeerzeit.

Der Vater hört
ein Wehgeschrei
und weiß sofort,
woher es kommt.

Er eilt,
zutiefst besorgt.
»Dass der Doktor kommt,
so schnell
und ungerufen!«

Die Damen aus der Runde
sind voll Dankbarkeit.

Der Rentner,
noch im Schock,
wird untersucht.

»Die Stirn hat etwas
abbekommen,
ist nicht schlimm.

Ich seh's mir
morgen nochmal an.«

Das hätte bös
ins Auge
gehen können,

nicht nur
im wahren Sinn
der Worte!

Der Vater
spricht zum Sohn
mit ernster Miene:

»Ohne Strafe
kommst Du
nicht davon.

Und merke Dir,
mein Lieber,

man kann auch treffen
ohne
zu zielen.«

Vorsorge

In einer Bahn,
da saß der Vater
mit dem Sohn,

als eine ältere Dame
um den Sitzplatz bat,
auf dem der Kleine saß.

Der Vater sperrte sich:
»Dä Jung bliev sitze!
Dä muß ja später ens
för Üch de Rente zahle!«

Im Bus

Sie nahm
den einzig freien Platz,
den *er* sich zugedacht.

Er grollte zu ihr hin
und wurde bissig.

Da stand sie auf,
hochschwanger,
wie sie war,

und sagte laut
auf kölsche Art:

»Meint Ihr vielleicht,
dat wör ene Möckestech?«

Sagenhaft

Nächtelang
hatte Zeus,
der Göttergatte,

der schönen Io
in die Träume
geflüstert:

auf die Wiese
am Fluss
solle sie gehen,

dort würde sie
dann sehen.

Der Vater ließ
das Orakel befragen

und erlaubte Io
zu gehen.

Zeus, der Verführer,
hat sie genommen.

Und aus Sorge,
Hera, sein Weib,
würde sich rächen,

drum – ohne lange
zu sprechen –

verwandelte er Io
die Schöne,
in eine weiße Kuh.

Ob Hera wußte
oder nicht,

sie verlangte
vom Gatten die Kuh
als Geschenk.

Sie ließ das Tier
auf die Weide treiben,

dort sollte es unter
den wachsamen Augen
von Argus bleiben. –

Man soll nicht
allem trauen,
was einem
geflüstert wird.

Gezielt

I

Eines Tages
sprach Gott Amor
zu seinem Sohn:

»Du bist recht fleißig,
ich muss dich loben.
Du spielst die Leier,
kennst Dich aus
mit Pfeil und Bogen.

In die Ferne
werde ich dich senden.
Nach Colonia,
der Stadt am Rhein.«

»Ach Vater, ich bitt Euch,
lasst es sein.
Elftausend Jungfrauen,
das ist zu viel für mich.«

»Mein Sohn,
hab keine Bange,
sie sind schon lange tot.

Ein Himmelsbote
wird kundig Dir
zur Seite stehn.«

In dieser Stadt,
es war ein Abend
im Theater,

zwei Damen
hatten Platz genommen,
als ein junger Mann
den Saal betrat.
Für ihn und Frau
war reserviert.

Jedoch,
ihm fehlte
die Begleitung.
Sie hatte abgesagt.

Er schloss die Reihe,
kam ins Plaudern
mit den Damen
und vergaß die Lücke
neben sich.

II

Die ihm am nächsten saß,
fragte kess und unverblümt:
»Und wer ist Ihre Frau?«

Jung Amor spannte seinen Bogen.
Er traf den Knaben
in des Herzens Mitte.

Jener, nur noch halb
bei Sinnen,

hörte sich da sagen:
»Das bist Du!«

So kam es,
wie es kommen musste.
Und es wurde gut.

Heldenhaft

Ein Held ist, wer:
Felsen erklimmt,
Hürden nimmt,
Raumschiffe fährt,
Frauen betört,
an der Theke steht,
nach Hause geht,
wenn niemand geht.

Der Besessene

Auf Pegasus' Schwingen
muss es gelingen,
den Olymp zu bezwingen.

Ich fass nach der Schärpe
der Muse Euterpe.
Ihr könnt es mir glauben,
ich werd ihr noch rauben
den Kuss.
Es muss!

Von acht bis um acht,
im Keller zur Nacht,
mit Cello und Flauto
– Musik auch im Auto –
so üb ich mich bleich;
sie wird schon noch weich!

Da rauscht es durchs Zimmer.
»Euterpe, Dein Kuss!«
»Den kriegst Du nimmer;
mach jetzt mal Schluß!

Hör zu mir, mein Bester,
Melpomene, meiner Schwester,
Muse des Trauerspiels,
Du ihr gefielst.
Sie wird Dich küssen.
Das sollst Du wissen.«

Und weg ist Euterpe.
Sie lässt ihm die Schärpe.
Und die wird zum Banner,
und dann kann er
üben von acht bis um acht,
im Keller zur Nacht,
mit Cello und Flauto
– Musik auch im Auto.

Kinderfest

In vollem Gange
ist das große Fest,
da holt der Vater –
niemand weiß warum –
aus dem Trubel
seinen Sohn.
»Wir gehen jetzt,
komm schon!«

Wie gerufen
trifft die Rettung ein.
»Sie woll'n schon gehn,
wars denn nicht schön?

Gleich am kalten Büfett,
da gibts Braten und Reh,
Geflügel paniert und gegart,
Salate nach Hausmacherart,
Schinken und Käse,
Brötchen in Mengen.

Ich will Sie nicht drängen,
aber woll'n Sie nicht
doch – noch?«

Da platzt dem Kind der Kragen.
»Mir knurrt der Magen.
Habt Ihr vergessen,
ich durfte nichts essen
heut mittag zu Haus.

Wir fahren zum Gutshof.
Da gibts Essen,
mehr als genug.«

Sie sind dann geblieben,
doch – noch.

Die Taufe

Im November,
an einem Samstag,
nachmittags um drei,
man hielt sich
diesen Tag auf alle Fälle frei,
schob die Patin
durch den Park den Wagen,
im dem das Baby
und das Spielzeug lagen.

Das Kind in Rosa,
still und ohne Mucks,
die Patin jung, in Pink
und echtem Fuchs,
ihr Mann, ein wenig englisch,
und auch wuchtig,

die junge Mutter,
rotbestrumpft und hurtig.
Sie strahlt und stöckelt
durch den Kies.
»Ach Schatz, Du lächelst ja,
der Weg ist wirklich mies.«

So kam man an der Kirche an.
Da saß und stand
der ganze Klan.
»Laß Dich umarmen«,
sprach das Oberhaupt.
Es wird geküsst,

wo's ist erlaubt.
Die Tante mit dem wehen Bein
trifft schnaufend
auch noch pünktlich ein.

Der junge Pfarrer,
ganz im Bart verkleidet,
mit mildem Wink
die Leute leitet
bis vorne zum Altar,
wo man sich niedersetzt.

Die Orgel spielt, man singt,
das Ohr ist leicht verletzt.
Und in diese
andachtsvolle Weihe,
dringt des Täuflings
jämmerlich Geschreie.

Der Patin Schaukeln
ist vergeblich,
die Mutter nimmt's
und müht sich redlich.
Über ihrer Schulter,
knittrig und verdrossen,
werden weitere Tränen
noch vergossen.

Da, ganz plötzlich
tritt die Stille ein.
Das Kind erkennt,

es geht ums eigne Sein.
So kann die Taufe
denn geschehen.
Was wirst du Kind,
im Leben alles sehen.

Der Vetter spielt
ein Solo auf der Geige,
da ist es aus
mit dem Geschweige.
Schreiend greift
der Sprössling ein,
doch der Spieler lässt
sein Spiel nicht sein.
Die Mutter geht nun
hin und her.
Das Kind schläft ein
und wird ganz schwer.

Gebet und Rede
sind verhallt,
der Orgel Klang
ist auch verschallt.
Es wird gebeten dann
zur Spende.
Die Kirche hat
viel offne Hände.

Kondition

Zwei Paare trafen sich
auf gleicher Wellenlänge.

Man fiel nicht gleich –
auch später nicht –
vom Sie ins Du
und war sich
dennoch zugetan.

Der Urlaub war gelungen.
Man trennte sich im Scherz:
»Wir kommen irgendwann,
also bis dann.«

Sie kamen irgendwann.

Man war nicht gerichtet,
man fühlte sich schlecht,
die Zeit war nicht recht.

Sie saßen und blieben,
und endlich um zehn:

»Wir gehn, es wird Zeit,
der Rückweg ist weit.
Wir schaun wieder mal rein,
irgendwann, also bis dann!«

Wenn man nur wüsste wann.

Nachtwache

Der Schlaf, er rührt dich leise an.
    du bist bereit, zu gehen.
Du lehnst an seine Schulter dich
    und könntest still vergehen.

Die Sorge doch, sie holt dich ein
    und lässt dich nicht mehr los.
Erschreckt bist du ganz wach,
    das Kind, wo bleibt es bloß?

Der Schlaf ist längst entflohn.
    Die eigne Stimme spricht:
Gedulde dich, es ist zwar spät,
    doch so spät ist's noch nicht.

Entspannt sinkst du ins Kissen.
    Die Sorgen sind normal.
Das Kind, du liebst es ja –
    das Warten wird zur Qual.

Noch immer keine Schritte,
    Mitternacht ist längst vorbei,
dein Herz beginnt zu pochen,
    die Beine sind wie Blei.

Das Kind, wo bleibt es nur?
    Du denkst mal dies, mal das,
und predigst dir Gelassenheit.
    Horch – jetzt hörst du was.

Der Schlüssel dreht im Schloss!
Du bist voll Seligkeit.

Inserat

Entrinnen Sie der irdischen Enge,
meiden Sie das Tiefgrabgedränge.
Bestattung auf erstklassige Weise:
die goldene Urne auf Reise.

Name und Nummer graviert,
auf Wunsch auch verziert.

Sorglos grüßt man die Ferne,
an der Venus, dem Sterne,
gibts kein Verweilen,

man muß sich beeilen,
im Weltall zu kreisen
unendliche Jahre.
Für Reiselustige das Wahre.

Bestattung

Sein letzter Wille:
die Seebestattung

an dem Ort,
wo er mit ihr
so glücklich war.

So fand die Witwe,
in Begleitung
ihrer Schwester,
einen stillen Strand.

Sie waren hüfthoch
mit der Urne
schon im Wasser,

als ihnen
eine Kinderschar
gefährlich nahe kam.

Sie zogen weiter,
dorthin, wo es still
und einsam war.

In der Wassertiefe,
die gefahrlos schien,
ließ die Witwe,

wehen Herzens,
ihren Gatten los.

Leb denn wohl,
mein Lieber,
und ruh in Frieden.

Getrost kannst du
dich treiben lassen.

Geschichten

Häufig

»Sie haben Besuch«, ruft der Nachbar von nebenan, von unten nach oben. Wie von mir erwartet, rucke ich hoch aus meiner Behaglichkeit. War aber für die Katz. Die lag nur da. Hatte gar nicht geklingelt, wie man das tut, wenn man besucht.

Mir scheint sie wohl gesonnen, die Katz. Sie hat mir doch neulich einen Teil ihrer Beute zum Frühstück vor die Tür gelegt. War gut gemeint. Sie konnte ja nicht wissen, dass ich morgens zuerst eine Haferflockensuppe zur mir nehme.

Sie hat eine Artgenossin, mit der sie mehr schlecht als recht beim Nachbarn, der von unten nach oben ruft, zusammenlebt. Sie, die Artgenossin, hat mir doch mal einen Haufen vor die Tür gesetzt. Morgens vor dem Frühstück. Das hat mich empört. Ich fand sie ja immer schon dreist. Vielleicht hat sie's gespürt und wollte es mir zeigen.

Dann war da noch, es ist schon länger her, das »Ding« auf dem Deckel des Öltanks im Garten vor dem Haus. Grösse XXL. Anbei ein einzelner Damenstrumpf, Fadenstärke 30 den. Zeitungsbotin in höchster Not. So könnte es gewesen sein. Habe dann erst mal gewartet. Wollte mein Frühstück nicht gleich wieder hergeben.

An dieses Thema wurde ich schon früher herangeführt. Das war, als wir nach Kriegsende unser stark zerstörtes Haus betraten, und mein Vater zu mir sagte: »Mach das mal weg!« Er meinte damit die Haufen auf dem Parkett, die von Würmern durchsetzt, sich scheinbar bewegten. Wasser gab es damals nicht. Das machte die Sache schwierig.

D i e Entsorgung, d i e Reinigung, d i e Säuberung, der Artikel dieser Begriffe ist weiblich. Ob Engländer mit nur einem Artikel, dem schlichten *the,* sich leichter tun bei der gerechteren Arbeitsaufteilung?

In Zukunft würde ich doch gerne mein Frühstück mit Suppe zu mir nehmen, ohne befürchten zu müssen, es wieder herzugeben. Wär' ja für die Katz.

Und ein Besuch, der klingeln und sprechen kann, wäre mir auch lieber.

Auto-Biographie

Wenn sie an ihre frühe Kindheit denkt, taucht verschwommen ein Bild auf, das sich nicht in den üblichen Rahmen einfügen lässt. Sie saß in einem großen schwarzen Auto, ihrer Mutter gegenüber, auf einer Bank, im Rücken die trennende Glasscheibe, davor ihr Vater am Volant. Sie sah mit aller Deutlichkeit die mattglasige Blumenvase mit dem eingeschliffenen Stern. Ob es ein Chrysler war, daran konnte sie sich nicht mehr mit Sicherheit erinnern. Sie liebte dieses, wie ihr schien, fast geräuschlose Gleiten und war tief enttäuscht, als der Wagen nach sehr kurzer Zeit wieder verschwand. Wie sie später erfuhr, hing dieses Luxusgefährt mit dem Konkurs eines Kunden zusammen. Da wusste sie, warum es sich so befremdlich im Bild ihrer Eltern ausnahm.

Der Abstieg oder Umstieg ihres Vaters auf einen alten Aga war in ihren Augen kaum zu verzeihen. Sie war damals fünf Jahre alt, hatte eine Vorliebe für Lackschuhe, weiße Leinenhüte mit Ripsband und den Wunsch, Tänzerin zu werden. Da stand nun eines Tages ein plumpes, eckiges Auto – diese Bezeichnung war schon schmeichelhaft – vor der Tür. Das Gehäuse des Wagens: linoleumartiger Kunststoff, weinrot mit schwarzen Würmern. Die erste Probefahrt lehnte sie ab. Sie stand heulend am Straßenrand und sah ihren Eltern nach. Doch ihr Vater war sehr zufrieden. Ein stabiler Wagen, der etliche Stücke Linon* transportieren konnte.

Einem Freund gelang es durch seine Überredungskunst, ihre Eltern zum Besuch eines Autorennens zu bewegen. Sie wur-

* feinfädiges Gewebe aus Baumwolle

de mitten aus tiefstem Schlaf geholt und mit einem Geschenk munter gemacht: Eine briefkuvertgroße, dunkelblaue Handtasche mit narbigem Oberleder, das sie ungemein faszinierte. Es erinnerte an Waldbeeren.

Der Nürburgring: Mutter und Kind gelangweilt, frierend in Decken gehüllt auf einer Tribüne. Vorbeiflitzende Rennwagen, weiter nichts. Später stand in der Zeitung: »Auf den dicht besetzten Parkplätzen waren alle Autotypen vertreten, vom uralten Aga bis zum modernen Alfa Romeo«.

Im Urlaub, wenn es galt Höhen zu überwinden, stand sie Nöte aus. Nicht nur, dass der Aga leicht ins Kochen geriet, ihm ging die Puste aus, er blieb stehen und musste mit einer Handkurbel erneut angeworfen werden. Er rollte zurück und kam kaum wieder hoch. Dieser Albtraum hielt sich bei ihr noch jahrelang.

Schließlich wurde ein Citroën angeschafft, zwar auch wieder weinrot, aber die Stromlinienform gefiel ihr. Bei großer Belastung lag der Wagen zu tief auf der Straße, er vertrug keine Schlaglöcher und wurde zur Strafe nach einem Torsionsstangenbruch, der sich zu Beginn einer Urlaubsreise ereignete und den Fahrer in erhöhten Reizzustand brachte, abgeschafft. Sie bedauerte es sehr.

Der nächste Wagen war ein Ford, hässlich und dunkelgrau. Während des Krieges stand er aufgebockt in der Garage, wurde später von einem Kunden mit besonderer Lizenz ausgeliehen – kostenlos – und kam recht abgetakelt wieder zurück. Die Firma stellte einen neuen Ford. Recht ansehnlich, aber sie hatte kaum Gelegenheit mitzufahren, da der Wagen ausschließlich geschäftlich genutzt wurde.

Die Geschäftsreisen unternahm ihr Vater meist mit seinem Dackel. Er galt als zuverlässiger Wächter. Als einmal beim Ausladen der Koffer versehentlich die Autoschlüssel in den Kofferraum fielen, konnte das Auto nicht mehr geöffnet werden. Der herbeigeholte Fachmann versuchte mit einer Holzlatte den Knopf der Autotür aufzuhebeln. Dies verhinderte der wachsame Hund. Das eilends beim Metzger besorgte Gehackte wurde durch das seitliche Kippfenster gereicht, und nur der Fresslust des Hundes und seiner kurzen Unaufmerksamkeit war es zu verdanken, dass rasches Handeln zum Erfolg führte.

Im ersten Jahr ihrer Ehe, sie war fünfundzwanzig, arbeitete sie in der Praxis ihres Mannes. Ihre Wünsche, Tänzerin zu werden, Musik zu studieren oder Textilentwürfe zu machen, hatte sie längst begraben. Das frühe Aufstehen um sechs Uhr, das Frieren an Haltestellen und auf Bahnhöfen – sie konnte sich einfach nicht daran gewöhnen. Mit einem Auto würde dies ein Ende haben, das Leben wäre weniger strapaziös. Nach einiger Zeit konnten sie sich einen Volkswagen leisten. Er war dunkelblau und bekam den Namen Muck. Es brachen aufregende Zeiten mit ihm an, so aufregend, dass Magen– und Darmtätigkeit für Wochen durcheinander gerieten. Der Fahrer besaß zwar einen Führerschein, aber keine Fahrpraxis. Steckenbleiben in der Ligusterhecke, Stehenbleiben auf Kreuzungen, wenn der Reservetank leer war, die erste Delle an der Radkappe – es war deprimierend. Als das Auto Jahre später nach einer Schwedenreise dorthin verkauft wurde, tat es ihr sehr leid. Es war in der besten Zeit ihrer Ehe.

So sehr sie auch früher die Eleganz eines Autos geschätzt hatte, so konnte sie der neuen stratoblauen Isabella von Borgward kein besonderes Interesse entgegenbringen. Es fing beim Kauf schon großspurig an. Der Chef der Niederlassung lud die jungen Leute zum Vertragsabschluss in seine elegante Vorortvilla ein, aber selbst unter diesem Eindruck gelang es ihm nicht, die teuren Extras anzubringen.

Um Kosten zu sparen, sollte der Wagen im Werk in Bremen abgeholt werden. Der Volkswagen wurde dort einem Käufer übergeben. Die Rückreise musste infolge heftigen Schneesturms am Abend aufgegeben werden. Mit Hilfe eines freundlichen Lastwagenfahrers wurde die Isabella am nächsten Morgen – es war noch dunkel – aus dem Schnee gezogen. Unter Zeitdruck verlief die Fahrt bei anhaltendem Schneegestöber halsbrecherisch. Direkt nach der Ankunft musste sie wieder ihre Tätigkeit in der Praxis ihres Mannes aufnehmen. Dies fiel ihr besonders schwer, denn sie erwartete ein Kind. Sie hätte die Isabella verwünschen können. Ihr spezifischer Geruch verursachte Übelkeit. Nach etwa zwei Jahren kollidierte der Wagen bei einem Überholmanöver frontal mit einem belgischen Lastwagen. Es gab zum Glück keinen Personenschaden, doch der Wagen war Schrott.

Etwa zur gleichen Zeit hatte ihr Vater einen neuen Firmenwagen, einen Mercedes. An einem späten Nachmittag, als er von einer Geschäftsreise zurück kam und seine Koffer auslud, setzte sich der Wagen in Bewegung und rollte gemächlich auf das Garagentor zu. Mit lautem Donner drückten sich die beiden Scheinwerfer in das Tor. Ihr Vater war dem Nervenzusammenbruch nahe. Die Firma »Herbert Herrlich« behob den Schaden.

Der abgestellte Wagen war aus beruflichen Gründen stets mit Koffern beladen. Ein Nachbar beobachtete, wie sich ein Dieb mehrfach vergeblich an dem Wagen zu schaffen machte und warnte ihren Vater. Der entschloss sich, den Dieb mit Hilfe von alten, mit Ziegelsteinen gefüllten Koffern, zu überlisten.

Er lauerte dem Täter auf, der jedoch nach heftigem Handgemenge entkommen konnte und dabei Mütze und Fahrrad zurückließ. Der Nachbar nahm die Verfolgung auf, stellte den Dieb in einem Trümmergrundstück, zog sich aber angesichts eines langen Schraubenschlüssels und in Sorge um seine unmündigen Kinder, zurück.

Nun bereicherte auch ein Mercedes ihre Ehe. Sie fand ihn sehr geräumig, vor allen Dingen für eine Reise mit Kindern. Trotz des Komforts ließ es sich nicht verhindern, dass die Töchter, selbst bei kürzeren Fahrten, heftige Übelkeit verspürten und in den Wagen spuckten. Der Mutter, angeregt durch die damit verbundenen Gerüche, passierte das Gleiche. Bald erwies sich, dass dieser Wagen seine Tücken hatte. Er war wohl ein Montagsauto: Er ruckte. Er ruckte gewöhnlich an Kreuzungen, und wildes Gehupe machte ihn auch nicht flotter. Wenn sie auch scherzte: »Fahre solle se, nit reide!«, so fand sie das alles sehr unangenehm. Er wurde nach kurzer Zeit wieder abgestoßen.

Der nächste Mercedes. Ob beide Vorführwagen waren, daran erinnert sie sich nicht mehr genau. Auch der Typ war ihr nicht wichtig. Sie verstand ohnehin nichts von Einspritzpumpen oder -düsen. Sie zeigte auch kein Interesse am eigenen Führerschein. Sie wusste nicht mehr, ob der erste oder zweite Mercedes die stratoblaue Farbe der Isabella hatte. Jedenfalls verursachte der Wagen dieser Farbe wieder einen Frontalunfall, diesmal auf der Schwarzwaldhochstraße im Schnee. Beide Unfälle erlebte sie glücklicherweise nicht. Die Rückreise von Baden-Baden erfolgte mit einem ochsenblutroten Leihwagen.

Inzwischen strapazierte ein Hund das Auto. Dies war für sie, vor allem während meist zwölfstündiger Urlaubsfahrten bei Sommerhitze und durch forsches, aggressives Fahren, wenig erfreulich. Sie saß auf dem Beifahrersitz, zu ihren Füßen der große Hund, der nach kurzer Zeit auf ihren Sitz rückte und sich dort stur behauptete. Sie machte sich immer weniger aus Autofahren und bevorzugte, wenn es eben möglich war, eine Reise mit der Bahn.

In jede Familie, die es sich leisten kann und auch zeigen will, gehört ein Zweitwagen. Da sie aber keinerlei Ambitionen in dieser Richtung zeigte, musste auf andere Art und Weise Abhilfe geschaffen werden. Ein grässlich aussehender, stinkender, donnernder Jeep, Marke DKW, wurde billig – die Preise veränderten sich bei jeder weiteren Nachfrage – angeschafft. Im Urlaub setzte sie sich einmal ans Steuer, begriff erstaunlich schnell, verfiel auf gerader Strecke in einen kurzen Geschwindigkeitsrausch, und damit war die Sache ausgestanden.
Einmal wurde sie aus der Stadt, der Mercedes war gerade in der Inspektion, mit diesem Gefährt nach Hause gefahren. Der Einstieg war eine Kletterpartie, die Regenpfützen durchnässten die Schuhe, und durch die Zeltplanen pfiff der Wind. Die winzigen Plastikfenster waren so gut wie undurchsichtig.
Nach langem Stillstand in der Garage fanden sich endlich Käufer. Beim ersten Anlassen verschwanden die Häuser der gesamten Straße bis zu den Dächern im blauen Dunst. Es stank fürchterlich.

Nun endlich, sie war inzwischen Mitte vierzig, um einige Illusionen ärmer und viele Erfahrungen reicher, erschien der Traumwagen. Edel und formschön, ein Mercedes Coupé, d a s Auto für Mann und Freundin.

Der erste leichte Unfall geschah an einem Samstagvormittag. An der bekannten Kreuzung mit Stopp- und Vorfahrtsschild streifte er einen vorschriftsmäßig fahrenden anderen Wagen. Dessen Fahrer ließ das Steuer los, das Fahrzeug geriet auf die gegenüberliegende Fahrbahn, fuhr zwischen zwei dicken Bäume über den Bürgersteig in eine Garageneinfahrt, drückte das Tor ein und fiel auf die Seite. Der in der Garage stehende Wagen wurde leicht beschädigt. Dem umgestürzten Fahrzeug entstieg etwas benommen der Fahrer – Fachanwalt für Verkehrsrecht. Er entnahm dem Handschuhfach eine Minox-Kamera und knipste den Unfallort.

Ein Wagen, das Fabrikat war ihr unbekannt, wird für immer in ihrer Erinnerung bleiben: Es war ein Leihwagen auf der Insel Kreta; im Abenddämmern auf einer unbefestigten Passstraße auf den Abgrund zugesteuert; ihr entsetzter Aufschrei, die Kinder, ein herumgerissenes Steuer; noch einmal davon gekommen.

Im Mercedes Coupé hat sie nur wenige Male gesessen, und das auch nur unter unerfreulichen Umständen. Sie fährt Fahrrad und geht zu Fuß, womit aber nicht gesagt sein soll, dass sie sich nicht freut, von Freunden mit dem Auto abgeholt zu werden.

Streiflicht

Sie stellte sich telefonisch vor, mit ihrem vollen Namen und überraschte mich mit ihrer Frage: »Weßt ehr och wat ich maache?« »Wie ich hörte, sind Sie im Gaststättengewerbe tätig.« »Nä, ich bin en d'r Hornstroß, wenn ehr weßt, wat dat es.« Ich wusste und nahm zu ihrer großen Erleichterung ungerührt die Information zur Kenntnis. Damit hatte ich die Schleuse ihres Mitteilungsbedürfnisses geöffnet.

Wie hoch die Miete für sie im Etablissement war (»vel zu dür«), dass sie »dä Schnieder vun nevvenaan – dä ärme Kääl hätt en kranke Frau« als Dauerkunden im Kontakthof angeworben hatte, und dass sie sich demnächst selbstständig machen wolle. Das alles erfuhr ich in fließend eingekölschtem Hochdeutsch.

Sie lebte mit »Hubäät«, einem wesentlich jüngeren, arbeitsunlustigen Mann zusammen. Ob er es war, der in einem Rauschzustand das Holz der Fensterrahmen zerstach, ließ sich später nicht mehr in Erfahrung bringen. Sie hatte herausgefunden, wo er seinen »Stoff« bezog, und drohte ihm: »Ich setz dir dinge Koffer vor de Dür!« Er wusste, das war bitterernst. Dennoch, er verließ sie, als er eines Tages am Tresen einer Kneipe eine jüngere Witwe kennenlernte. Sie war zutiefst gekränkt und todunglücklich.

»Wat han ich alles för dä jedonn«, klagte sie. »De düerste Ledderklamotte, dat düerste Rasierwasser, Artemis, oder wie das Zeuch heißt. Nä, nä, jetz blieven ich allein. Et kütt mer kenne Kääl mieh in de Wunnung. Wat hatte m'r för schöne Urlaube op Mallorca. Eimol wore m'r in Jujoslawien. Da hatte m'r 'ne Autounfall. M'r lochen em Bach, koppövver. Als dä Hubäät ausjestiegen wor, han ich för em jesaat: ›Hubäät, Du häs en scheef Naas, und die bliev och esu«« (womit sie recht hatte).

Die Zeit brachte es mit sich, dass sie eine Brille benötigte. In Ausübung ihres Berufs war das wohl sehr hinderlich. Sie bekam Kontaktlinsen, die zu ihrem Überdruss öfter verloren gingen.

Zu Hubääts Zeiten gab es einen Feuchtigkeitsschaden, verursacht durch die Dusche. Während der Handwerker seiner Arbeit nachging, stand sie in ihrem Wohnzimmer vor mir. In ihrer bunt gemusterten Kittelschürze, die Arme vor dem Busen verschränkt, hätte sie eine Frau sein können, die samstags in ihrem 500-Seelen-Dorf die Straße kehrt. Sie zeigte auf ihr frisch gekraustes, kurzes Haar und meinte: »Die Färv es jet dunkel jewoode, meint Ihr nit och?« Ohne meine Antwort abzuwarten, wies sie mit dem Kinn auf das kurze Bücherregal. »›Amber‹, ›Vom Winde verweht‹ un so, dat han ich alles jelesse. Ich wor jot in d'r Schull fröher, dat künnt Ihr m'r gläuve.«

Einmal sprach sie über ihre beste »Zick«, das war, als sie jung war und mit einem damals stadtbekannten Schläger und Gauner im schicken Auto durch die Gegend fuhr. »Da ham mer alles op d'r Kopp jehaue!« Später dann hatte sie die Wunschvorstellung, Besitzerin einer Bude zu werden, mit Zeitungen und »Zerette«. Aber dazu sollte es nicht kommen.

Inzwischen hatte sie sich selbstständig gemacht. Zwei Zimmer in einem für sie günstigen Stadtviertel. Es gab jemanden, der putzte und in der kälteren Jahreszeit die Kohleöfen »stochte«. Um dort hinzukommen, nahm sie jeden Morgen um die gleiche Zeit ein Taxi, das an der Straßenecke auf sie wartete. Mir ist nicht bekannt, dass sie jemals eine Straßenbahn bestiegen hätte.

Ihre private Zweizimmerwohnung war für Kunden tabu. Sie hatte eine Reinigungskraft. Mit Kochen gab sie sich nicht ab: »Dat kann ich net!«

Sie machte sich so ihre Gedanken. Eines Tages, nachdem größere Reparaturen durchgeführt worden waren, meinte sie: »Mit dem Huus künnt Ihr och nix verdeene. Et wör besser för Üch, Ihr dätet die Wunninge an Fottomodells vermeede.« Sie nannte beachtlich hohe vergleichende Summen. Ich konnte widerstehen.

Nach und nach wurden die Zeiten für sie schwieriger. Sie klagte, dass die Stammkundschaft aus Altersgründen wegblieb oder verstarb.

Als Mitglied eines Kölner Karnevalsvereins zog sie im Rosenmontagszug durch die Straßen und schlug auch schon mal »de decke Trumm«. An einem der Karnevalstage kamen zwei Nachbarn zu später oder früher Stunde an ihrer Haustüre vorbei. »Lur ens do, do litt ene Sack Lumpe vor de Dür!« Bei näherem Hinsehen wurde sie in ihrem Lumpenkostüm erkannt. Man nahm ihr den Schlüsselbund aus der Hand, schleppte sie hoch und legte sie aufs Bett. Am anderen Morgen schwor sie, nie mehr etwas zu trinken und vergaß es sofort wieder.

Dann gab es wieder einen Mann in ihrer »Wunnung«. Sie war ihm auf beruflicher Ebene begegnet. Ihr »Meister Propper«, wie sie ihn nannte, war der geborene Macho. Er nahm sofort das Heft in die Hand. Seine erste spektakuläre Tat: Er zersägte das alte breite Bett und warf alles aus dem Fenster des vierten Stockwerks auf den Hof. So kam denn das Treppenhaus nicht zu Schaden. Rasch wurde alles entsorgt, und sie konnte mir voll Stolz ihre neue Lagerstatt vorführen. Im Schmuck eines aufregend gemusterten Überwurfs spiegelte sich das Bett in seiner ganzen Breite im Wandschrank wider. Die zweite gute Tat: Anschaffung einer überdimensionalen Polstergarnitur. Das Wohnzimmer drohte zu ersticken.

Meister Propper übernahm die Treppenhausreinigung; natürlich »nit ömmesöns«. Er war bereit, mit mir eine Generalreinigung vorzunehmen. Für mich eine gute Teamarbeit. Er sah das anders. »Nä, unter 'ner Frau arbeiten ich nit mih.« Ich hätte gekränkt sein können.

Eines Tages hatte der Dachdecker früh morgens im Haus zu tun. Um sie nicht zu erschrecken, wenn die Zugtreppe herunter gelassen wurde, klopfte ich kurz an, sagte Bescheid, als die Arbeiten beendet waren, und wollte rasch gehen. Da rief sie: »Waad ens, Ihr künnt en Tass Kaffe met mer drinke!« Im gleichen Augenblick riss sie die Türe auf. Sie stand vor mir im Tanga, einem Minimum an Bekleidung, und sagte: »Ihr künnt ruhig lure. Ich han nix anderes, als dat wat Ihr och hat.« Ich sah einen prallen sonnenbankgebräunten Leib, auf dem der Busen ruhte. Ich machte ihr ein ehrlich gemeintes Kompliment – schließlich war sie nicht mehr die Jüngste.

Sie sehnte sich nach Anerkennung und freute sich auch über den Gruß eines wohl situierten Nachbarn. »Dä hät för mich d'r Hoot jetrocke!«

Vor »Müüs« hatte sie eine solche Angst, dass sie es nicht wagte, in den Keller zu gehen. Und sie hatte ausgesprochene Angst vor Männern, deren Verachtung sich in Überheblichkeit ausdrückte.

Zunehmend klagte sie über körperliche Beschwerden. »Mer dun de Knoche su wieh, und für et Hätz muss ich Tabeletten nehmen. Dat muss ich alles selvs bezahlen.« Sie sah und hörte schlechter und wirkte abgemagert. Aber immer noch nahm sie morgens zur gleichen Stunde ihr Taxi.

Gab es etwas zu berichten, sei's privat oder über Angelegenheiten im Haus, rief sie, mehr zu meinem Leidwesen als zu meiner Freude, schon morgens um acht Uhr an. »Ihr künnt mich och, wenn jet es, op d'r Arbeit aanroofe – vun halber zehn bis ovens sevven Uhr.« So bekam ich denn ihre Geschäftsnummer.

Alles änderte sich, als sie einen Schlaganfall erlitt. Die zahlreichen Treppenstufen bis zur vierten Etage waren für sie kaum noch zu bewältigen. Sie stürzte und verletzte sich nicht unerheblich. Sie suchte nach einer Lösung. Schließlich kündigte sie und gab mir ihre neue Anschrift: Das Haus, in welchem sich ihre Geschäftsräume befanden.

Meister Propper führte vor dem Auszug das große Wort und betonte gleichzeitig immer wieder: »Dat jeit mich nix aan.« Apathisch ließ sie alles geschehen. Als mich Meister Propper beiseite nahm, fragte ich ihn, ob er mit ihr umziehen würde. Seine Antwort kam prompt und brutal: »Nä, dat is jetz aus un vorbei!«

In der Mülltonne liegt ein Karton mit Fotos. Sie und er im Karnevalskostüm. Nicht einmal diese Erinnerung hielt er für wert, sie zu behalten. Aber vielleicht gibt es ja den einen oder anderen Mann, der ihr ein Gedenken bewahrt. Wie auch immer.

Biographie

Ruth Brühl

1927 geboren in Mönchengladbach,
lebt seit 1931 in Köln.
Besuch der Rheinischen Musikschule (Klavier)
und der Kölner Werkschule.
1983 Beginn der lyrischen Tätigkeit.

Bisher veröffentlichte Werke:

1989 ein neuer tag

1991 Flügelschlag

1993 Echolot

1997 Rasterpunkte

2000 Saumpfad

2002 Brandung

2007 Landeinwärts

2012 Gedichte (Sammelband)

Beiträge in Zeitschriften und Anthologien,
zahlreiche öffentliche Lesungen.